LES

INVENTEURS DU VÉLOCIPÈDE (1690-1863)

RENÉ OLIVIER (1863-1870)

On se propose (depuis quelque temps), d'élever une statue à l'inventeur qui a transformé l'antique vélocipède en une machine utile ; on recherche parmi les divers inventeurs qui ont concouru à cette création quel est celui dont les idées en ont fait la valeur. L'éclatant succès du vélocipède moderne, les services qu'il rend, justifient cet hommage. Nous devons nous associer à ce mouvement pour affirmer la nationalité de l'invention puisqu'elle est française ; en effet, c'est à notre concitoyen René Olivier, ingénieur, de l'École Centrale, qu'appartient l'honneur d'avoir créé le vélocipède moderne par les idées originales, les valeurs essentielles qui en ont fait une machine utile ; c'est à lui que revient l'hommage qu'aujourd'hui l'on veut rendre.

Quelques personnes ont supposé que la pédale était un organe nouveau dans le vélocipède actuel et qu'elle en avait déterminé le succès ; elles attribuaient l'innovation de son emploi à un mécanicien nommé Michaux ; il y a là une double erreur que nous allons expliquer, tout en rendant plus exactement à Michaux et à ses prédécesseurs la part de mérite qui leur revient. L'usage de la pédale est ancien dans le vélocipède et ce n'est pas à une disposition de pédale plus qu'à une autre que cette machine doit sa valeur utile actuelle.

L'idée première d'entraîner une voiture, en imprimant directement à la roue un mouvement de rotation, au lieu de procéder par traction, a été réalisée au moyen de la pédale, par plusieurs générations avant la nôtre. Dès le xviie siècle, on a cherché avec passion la solution de ce problème, et l'homme parvenait à utiliser sa force pour actionner au moyen d'une pédale le véhicule même qui le portait. En 1693, l'académicien Ozanam donne la description d'une voiture à pédale, à quatre roues, dont on se servait depuis quelque temps déjà à Paris ; nous retrouvons au xviiie siècle des voitures analogues continuant les mêmes essais (1).

Dans la suite, et jusqu'à nos jours, diverses combinaisons de pédales ont été essayées, toutes ont donné également les mêmes bons effets ; tous les modèles de véhicules à pédales ont été à leur apparition l'objet d'une égale curiosité, et ont eu le même succès ; si malgré le très vif engouement qui encourageait leurs débuts, ils n'ont pas été utilisables en pratique, c'est que les véhicules employés, même le modèle construit par Riban ou celui de Michaux, étaient trop pesants pour être mûs, d'une façon normale et soutenue, par la force de l'homme qu'ils transportaient.

L'intuition cependant était juste, mais le problème était

(1) Voir *la Nature*, 17 août 1880 et suivants.

mal compris, les résultats d'expérience mal interprétés. On a même, un instant, imputé à la pédale les insuccès qui venaient du poids du véhicule; cette erreur a égaré les recherches pendant un certain temps. La solution du problème a paru le jour où Olivier, acceptant d'avance n'importe quelle disposition de pédale, puisque toutes étaient bonnes, l'a cherchée dans la réduction du poids de la machine. Il y est arrivé par une étude cinématique des éléments de la voiture dégagée de la routine, calculant strictement les efforts qu'ils avaient à supporter. Par cette conception mathématique rigoureuse, la voiture à mécanique est devenue une machine pratique et utile, elle a été créée par notre concitoyen René Olivier.

Ainsi la pédale est vieille de deux cents ans, toutes les dispositions essayées ont donné de bons résultats (on revient aux premiers modèles); c'est par la réduction du poids et des résistances qu'on est parvenu à l'utiliser. Il nous suffira pour le rappeler d'exposer simplement les faits. Les premiers inventeurs employaient deux pédales de rémouleur actionnant l'essieu de derrière d'une voiture à quatre roues et se renvoyant le mouvement l'une à l'autre par l'intermédiaire d'une poulie. Le rendement de la pédale était parfait, le rendement même de toute la machine n'était pas inacceptable, puisque l'homme moteur pouvait transporter avec lui un voyageur non agissant. Il n'est pas inutile de rappeler ces premiers essais, car aujourd'hui on revient à cette pédale. Mais ces véhicules étaient trop lourds, le rendement demeurait insuffisant; après un siècle d'essais intermittents, on en vint à admettre que la pédale absorbait une trop grande part de la force motrice, on la mit de côté et l'on prit appui directement sur le sol.

Pour permettre à l'homme assis et transporté de poser ses pieds à terre, *M. de Sivrac* imagina (1) une modification originale du véhicule : il ne garda que deux roues du même côté, les retenant dans un même plan par un bâti en bois, vestige minimum de toute la carcasse. A cheval sur cette double roulette, la pointe du pied à terre, l'homme se poussait lui-même avec une certaine vitesse. Cette solution du problème, à laquelle nous ramenait une fausse interprétation des résultats, obtint un vif succès ; c'était vers 1790.

Puis *Nicéphore Niepce* eut l'idée de rendre la roue de devant mobile autour de son axe vertical, afin de pouvoir diriger l'appareil facilement ; le succès augmenta, les journaux du temps, vers 1815, nous en ont gardé le souvenir. A la descente, la machine roulant toute seule, le vélocipédiste reposait ses pieds relevés sur des pédales fixes. Ces vélocipèdes offraient un divertissement nouveau et furent longtemps à la mode ; dès l'année 1819 on en voyait à Londres en grand nombre. Ils n'employaient pas la pédale, non parce que l'on ne pensait plus à ce mode d'action, mais parce que, d'après les indications des nombreuses tentatives précédentes, l'effort à faire étant trop grand, c'est un progrès qu'on avait voulu réaliser en y renonçant.

On essaya bientôt ce mode de propulsion sur des véhicules à trois roues et en même temps on revint à la pédale ; c'était en 1819. Dans ce nouveau modèle on em-

---

(1) Voir : *Histoire générale de la vélocipédie*, par *Baudry de Saunier*.

ployait l'essieu coudé de la roue de devant, disposition encore en usage aujourd'hui dans le bicycle; le bouton de manivelle recevait l'action du vélocipédiste par l'intermédiaire d'une bielle. C'était fort ingénieux, mais le succès pratique se refusait toujours, le véhicule était trop pesant.

Vers 1845, un modèle spécial pour les enfants essayé dans des conditions particulières, dans les appartements, sur les parquets, sur la mosaïque où le roulement est parfait, réussit à souhait. Le succès ne venait pas d'une pédale mieux combinée que les précédentes, il venait de la réduction accidentelle de la résistance; Olivier a le premier signalé là la cause du succès.

Dans les appartements les tournants sont très courts et très fréquents, ils obligent à mettre à chaque instant la roue directrice très en travers; il n'était pas facile, dans ces conditions, de manœuvrer l'essieu coudé de la roue de devant : le constructeur le remplaça par un arbre coudé à manivelle extérieur à la roue, avec transmission de mouvement par chaîne aux roues de derrière non pivotantes. Ce modèle est resté parfait pour le but qu'il se proposait de remplir, dans des conditions spéciales; on le construit encore aujourd'hui tel que, dans le commerce. Nous regrettons de n'en pas connaître le premier constructeur.

Encouragé par ce résultat, *Riban*, mécanicien lyonnais, construisit à Lyon et vendait couramment, — vers 1856 ou 1858 — des tricycles de plus grandes dimensions, dans lesquels il transmettait à l'essieu des roues de derrière l'action du pied ajoutée à celle de la main; cette heureuse disposition donnait de très bons résultats. Le constructeur qui, avec nos modèles légers aujourd'hui, adopterait cette pédale, aurait une machine certainement supérieure aux autres, à certains égards (1). Mais comme toujours le véhicule était trop lourd et ce vélocipède, malgré son succès, ne put pas plus que les précédents modèles, être utilisé d'une façon pratique.

Le bicycle en équilibre de *Niepce* et *de Sivrac* était encore en usage, mais seulement par jeux, étant trop lourd pour être utilisé en pratique. Le corps de ce bicycle, sur lequel on se tenait à califourchon, était une grosse et lourde pièce de bois, presque assez large pour offrir à elle seule un siège suffisant ; *Michaux* eut l'idée de faire cette pièce en fonte. Michaux était fabricant de mécaniques pour voitures ; à son grand avantage il fabriquait ses mécaniques en fonte malléable, il fabriqua un vélocipède en fonte malléable. Il réduisit ainsi le corps à une mince barre de métal, l'agencement de la fourchette et toutes les pièces de l'appareil à des formes légères économiquement obtenues à la fonte. Michaux s'était proposé de rendre économique la fabrication du vélocipède, et par le fait il avait indirectement diminué un peu son poids ; le succès du vélocipède fut renouvelé, accru proportionnellement à cette réduction accidentelle de poids, mais encore, comme précédemment, limité par ce poids.

Le fils Ernest Michaux, un tout jeune enfant, très intelligent, qui s'amusait à l'ordinaire à descendre la pente des Champs-Élysées sur son petit vélocipède, avait un jour, en rentrant de son jeu, demandé qu'on

(1) Le modèle de *M*. *Valère* qui vient de se faire connaître (voir *la Nature* du 23 décembre 1893), apporte sa part de démonstration à l'appui de cette conviction basée sur l'expérience ancienne.

lui ajustât, au lieu des pédales fixes sur lesquelles il reposait inutilement ses pieds, des pédales à manivelle. Le père Michaux racontait alors ainsi la chose.

Aujourd'hui le père et le fils susnommé étant morts, c'est au père que l'un de ses fils survivants attribue l'idée de cet ajustement. En relations quotidiennes, en ce temps-là, avec les membres nombreux de la famille Michaux, nous ne leur avons jamais entendu, du vivant du père, émettre cette supposition; ils ne parlaient pas de l'application de la pédale comme d'une invention de la famille. En effet pour Michaux père, l'idée de la pédale n'était pas nouvelle, mais avec un juste orgueil paternel, il trouvait très éveillé le jeune esprit qui y avait pensé.

Pour pouvoir abaisser la jambe, dans la manœuvre de la pédale il fallait s'asseoir en avant sur le bord du siège, on était fort mal ; c'est alors que Michaux imagina sa selle en tôle emboutie, évasée et relevée à l'arrière, pointue en avant, recouverte de cuir; c'est la forme qui a été partout adoptée et qui permet au cavalier, tout en étant bien assis, d'atteindre, sans gêne, les pédales et de les manœuvrer librement. Michaux n'a pas inventé l'emploi de la pédale non plus que son application à la roue de devant, son modèle de fonte n'a pas donné la solution du problème, mais il en a facilité l'étude.

La famille Michaux, dans ce temps-là, ne parlait pas de la pédale ; ce à quoi elle tenait, ce dont elle était fière, et dont elle parlait constamment, en propriétaire, c'était de l'heureuse idée qu'avait eu Michaux d'employer sa fonte à la fabrication du vélocipède. Michaux était convaincu que l'on ne pouvait pas faire mieux — et, en effet, il n'est pas certain que même après tant de progrès accomplis, on ne puisse encore tirer de son procédé des éléments utiles pour la fabrication des vélocipèdes à bas prix ; — pour lui c'était là et non dans l'application de l'antique pédale qu'il y avait invention. Le modèle Michaux était mal ajusté, mais bon marché, assez élégant, il roulait passablement sur les avenues de Paris ; sur le plancher des théâtres le fils Michaux, très adroit vélocipédiste, se faisait applaudir. Mais c'était tout, la machine était pesante, sur les routes elle exigeait un effort anormal, on ne l'employait pas en pratique plus que les précédentes.

Après plusieurs années de réclame, la clientèle des oisifs et des gymnastes demeurant limitée, Michaux ne vendait pas assez pour gagner de l'argent, sa fabrication de vélocipèdes, accessoire à côté de sa fabrication de mécaniques pour voitures (avenue Montaigne), ne prospérait pas. René Olivier lui prêta 10 000 francs, et voulut lui donner des conseils, mais ce fut inutilement, Michaux ne voulait pas renoncer à son modèle de fonte qu'il trouvait parfait ; cependant le succès, encore cette fois, avait atteint sa limite.

Tous ces essais, analysés dans leurs résultats, montraient que la solution du problème, s'il y en avait une, était non pas dans un meilleur emploi de la force de l'homme — toutes les pédales essayées pendant 150 ans avaient, depuis la première, donné de bons rendements — mais dans la réduction des résistances à la mesure de cette force. Pour satisfaire à la bonne proportion mécanique entre les deux facteurs du problème, réglée sur la valeur de l'un d'eux (la force motrice), il fallait réduire le second facteur (la résistance), de la moitié ou des deux tiers. Pour obtenir ce gain il fallait mieux comprendre le problème,

il fallait une idée nouvelle. C'est alors qu'*Olivier* imagina
son modèle rationnel, de poids minimum, à frottements
perfectionnés, à roulement facilité. Par cette conception
bien nette que la solution du problème était dans la diminution des résistances et non dans l'augmentation du
rendement de la pédale motrice, le problème de l'utilisa-
tion de la force de l'homme sur son véhicule, l'idée latente
allait enfin aboutir après 150 ans d'hésitations ; le succès
illimité débuta d'une façon éclatante.

. Ne pouvant convaincre Michaux, René Olivier créa,
rue Jean-Goujon et avenue Bugeaud, des ateliers spéciaux
pour construire son modèle ; il fut là, de 1863 à 1870, le
promoteur, l'organisateur, l'âme de cette création ; il
avait, pour cette mécanique nouvelle, réuni ou imaginé
un outillage tout spécial. Ses ateliers à Paris, sans comp-
ter les forges en province qui préparaient les pièces
brutes, étaient outillés pour monter deux cents vélocipèdes par semaine (1) ; ils avaient bientôt attiré l'attention
du gouvernement, et occasionné la visite du Ministre
président le Conseil d'État ; mais quel qu'ait été le mérite
de ces débuts industriels très intelligemment conduits et
développés avec une vertigineuse activité, il n'est pas
matière à forcer l'attention, les travaux de nos conci-
toyens en offrant de communs exemples ; nous le men-
tionnons simplement comme un fait préalable à l'appui
de ce que nous avons à dire, pour rappeler que le premier
atelier important de fabrication de vélocipèdes a été créé
à Paris. L'œuvre dont le mérite est original et que

(1) En 1868 la *Société des Forges et Chantiers de la Méditerranée* lui
livra, en un seul marché, quatre cent mille (400 000) pièces de vélocipèdes, forgées sur ses modèles originaux.

nous rappelons ici, est l'œuvre de mécanique rationnelle créée par notre concitoyen Olivier.

C'est à la perfection de sa fabrication, qui fut tout de suite connue dans le monde entier (jusque dans l'Inde et en Australie), mais c'est avant tout au modèle qu'il avait conçu, qu'Olivier dut le succès de sa machine. Le vélocipède n'avait été jusque-là qu'un jouet, un objet de grosse quincaillerie, ou une œuvre de charronnage, lourd, non étudié, grossièrement ajusté, ne pouvant servir que par jeux à de courts exercices ; la conception scientifique d'Olivier en fit une machine d'un rendement parfait et d'une utilité de premier ordre.

Olivier, dans sa construction, employa le fer forgé, l'aluminium, le fer tubulaire ; il entoura sa roue d'un bandage de caoutchouc, puis d'un boudin circulaire sur jante à gorge ; d'un boudin creux ; d'un bandage de sparterie caoutchoutée (Olivier a ainsi ouvert accessoirement cette nouvelle et importante industrie du caoutchouc pour voitures). Il essaya d'heureuses dispositions de frottements différentiels. Ses premiers perfectionnements avaient tout de suite rendu son modèle utilisable, mais la machine était encore trop pesante à son avis, la résistance majeure demeurait dans le poids de la roue. Diverses essences de bois essayées, les jantes d'une seule pièce, ne donnaient que des réductions insignifiantes ; c'est alors qu'Olivier, achevant ses essais de roues en tension, substitua les raies en fil de fer aux rayons de bois. C'était là une nouveauté, une invention faite pour le vélocipède. Il a été fort ingénieux de chercher la diminution du poids de la roue, dans l'idée de répartir une partie du travail sur tous les rais associés dans un effort commun — ce qui permettait de diminuer la force et par suite le poids de chacun d'eux — tandis que dans la roue en bois chaque rai doit être assez fort pour supporter seul, à son tour, tout le poids de la machine ; de plus, à résistance égale, les fils tendus étaient moins lourds que les petites colonnes de bois.

Olivier avait tout d'abord, comme accessoire obligé de son modèle qui courait par tous chemins, imaginé le frein manœuvré à la main ; la chose paraît aujourd'hui toute simple. Dans les longues étapes les trépidations devenaient fatigantes, Olivier s'en préoccupait, ils les atténuait par des suspensions mécaniques multipliées à fourchette en fer creux ; l'emploi du bandage en caoutchouc, puis du bandage tubulaire en avait successivement diminué l'effet, il l'annula presque entièrement par son modèle de selle en caoutchouc gonflée d'air ; aujourd'hui on a reporté ce coussin autour de la roue (le pneumatique a augmenté les avantages du bandage creux).

Nous n'insisterons pas sur les inventions de toutes sortes et sur les perfectionnements de mécanique courante dont Olivier assura tout de suite les avantages au vélocipède ; tout était à créer pour obéir à son nouveau principe : lorsqu'il s'attacha à cette entreprise, depuis le moindre boulon tout était à imaginer, ou à calculer ; Olivier créa d'innombrables modèles minutieusement essayés, avec une activité d'invention merveilleuse. Il avait construit un modèle actionné par la roue de derrière, au moyen d'une pédale extérieure à la roue, et il s'apprêtait à essayer là l'engrenage et la chaîne dont il avait un modèle sous les yeux dans son petit cheval de bois à mécanique, — disposition adoptée dans la bicyclette — lorsque la guerre ferma ses ateliers.

Dès les débuts d'Olivier, dès que le vélocipède utile fut créé, les plus modestes mécaniciens commencèrent à construire des vélocipèdes, copiant les modèles d'Olivier ; ils en trouvaient les éléments tout faits dans cette industrie nouvelle qu'Olivier avait créée autour de lui par ses conseils, et qu'il alimentait par ses commandes. La concurrence lui paraissait peu dangereuse à côté de son outillage tout nouveau et très puissant, à côté surtout de l'activité de son étude du problème, car à ce moment les perfectionnements dans ses ateliers se succédaient avec une rapidité qui faisait chaque jour délaisser le modèle de la veille. Les cartons d'Olivier renferment des projets qui, peut-être à l'heure actuelle, après plus de vingt-cinq ans, seraient encore des nouveautés.

Le vélocipède en usage depuis 1690 n'est devenu un serviteur normal de la force de l'homme qu'à partir du moment où Olivier en a, par ses inventions, réalisé une conception nouvelle ; cet ingénieur est le créateur du vélocipède utile et pratique. Cela ne diminue en rien le mérite de ses prédécesseurs : toute invention est le fruit de nombreux travaux accumulés.

Que reste-t-il aujourd'hui de ces nombreux essais de vélocipédie ? Il reste :

— l'idée première de mouvoir le véhicule par la force de l'homme transporté, en imprimant directement à la roue un mouvement de rotation au moyen d'une pédale ; idée essayée en France, à Paris, vers 1690 ;

— l'originale machine en équilibre à deux roues de *de Sivrac* (1790) ;

— la roue pivotante de *Nicéphore Niepce*, la *Draïsienne* (1815) ;

— la chaîne de transmission, modèle du petit cheval à mécanique des enfants (1848);

— on revient au modèle de Riban (1856), combinant ensemble l'action du pied et de la main;

on a presque renoncé à l'essieu coudé de la roue de devant (1819), disposition que Michaux avait plus tard adoptée;

la fonte malléable est aussi délaissée, mais il convient de rappeler qu'elle apporta à son heure un grand perfectionnement dans la fabrication du bicycle;

— il reste le principe d'Olivier et les inventions qui l'ont accompagné : le frein, le caoutchouc, la roue métallique en tension, la pédale extérieure actionnant la roue de derrière pour assurer la stabilité, enfin les premiers essais de fer creux, et de frottements différentiels empruntés à la mécanique courante par ce constructeur.

La comparaison met en évidence ce fait que l'intervention de l'ingénieur a marqué dans la conception et dans la réalisation du problème une révélation, une explosion de la vérité; si l'on supprimait ces inventions et applications essentielles : le frein, le caoutchouc, les roues en tension, le fer creux, les frottements différentiels, c'est-à-dire si l'on s'écartait du principe de la conception mécanique qui a guidé l'inventeur, le vélocipède retomberait à son état ancien de machine curieuse toujours, mais inutile; *si par contre on appliquait à l'un quelconque des véhicules à pédales imaginé depuis 1690, le principe introduit et réalisé par Olivier, on aurait, dans tous les cas, une bonne machine.*

De 1866 à 1870 le vélocipède d'Olivier fut tout de suite recherché en province, en Angleterre, en Autriche, en

Allemagne ; le modèle de Michaux, malgré l'engouement accoutumé, s'était peu répandu hors de Paris.

Le nom de Michaux fut à ce moment très connu, parce
que, au sortir de l'École, Olivier mit ses ateliers sous ce
nom d'emprunt ; Michaux l'en priait instamment. Olivier
réservait à Michaux une part de ses bénéfices pour faci-
liter à ce débiteur les moyens de s'acquitter de sa dette,
mais Michaux restait indépendant, dans son métier de
fabricant de mécaniques pour voitures, qu'il se réservait
tout particulièrement ; il se promenait librement dans les
ateliers d'Olivier, mais il n'était pour rien dans les inces-
sants progrès que chaque jour l'ingénieur apportait à son
œuvre ; son nom était répandu par la réclame que lui
faisaient le modèle et les ateliers d'Olivier, sans cela il
serait tombé dans l'oubli, aussi injustement que ceux de
ses devanciers.

Nous trouvons une appréciation explicite de cette
affirmation dans un jugement du Tribunal de Commerce
de Paris. En effet bientôt Michaux voulut exploiter cette
notoriété ; — hâtons-nous de dire qu'il était en cela
l'instrument inconscient de mauvais conseillers, — et
fabriquer pour son compte le modèle d'Olivier ; mais le
Tribunal jugeant que la notoriété acquise au nom de
Michaux était l'œuvre d'Olivier et appartenait à cet
ingénieur, refusa à Michaux l'autorisation de monter
une concurrence sous ce nom. Michaux restait libre de
fabriquer sous son nom son propre vélocipède ; il était
libre aussi, comme tout autre constructeur, de fabriquer
le modèle d'Olivier (qui ne prenait pas de brevet), mais
cela *pas* sous le nom de Michaux.

Olivier sortant du danger que sa bonté lui avait fait

courir, mit ses ateliers sous le nom de *Compagnie Pari-sienne*. Sous le nom de *Michaux et Cie*, comme sous celui de *Compagnie Parisienne*, Olivier n'eut jamais d'autres capitaux que les siens et ceux de son frère, Aimé Olivier.

On se préoccupe justement d'élever une statue à l'inventeur qui a créé le succès du vélocipède, avènement économique si considérable dans notre vie moderne toute faite de mouvement ; le nom de Michaux attire tout naturellement l'attention, mais ce nom, comme un pseudonyme, couvre celui d'Olivier : pour satisfaire la vérité, c'est le moment de le dire. C'est à notre concitoyen *René Olivier* que revient le reconnaissant souvenir des innombrables intérêts que sert son invention.

Après avoir suivi nos armées à Sedan, en 1870, Olivier fit le premier rapport de vélocipédie militaire ; ses conclusions dès ce moment ont été celles que quinze et vingt ans plus tard l'administration obtenait de ses rapports officiels. En 1868 il avait monté tous les facteurs d'un arrondissement rural sur des vélocipèdes qu'il entretenait à ses frais ; après les très grands avantages démontrés par cet essai, il proposa à l'administration des postes, deux cents vélocipèdes, gratuitement, s'engageant à les entretenir à ses frais pendant un an ; il avait dans ses ateliers, rue Jean-Goujon, un manège parqueté, et, avenue Bugeaud, un vélodrome couvert offrant une piste asphaltée de 250 mètres de long à virages relevés ; tous les vélocipédistes d'avant 1870 ont fait leurs premiers essais dans ces manèges.

Olivier a donné les premières courses de vélocipèdes ; pour la première course de Paris à Rouen, il avait fait graver et distribuer une carte itinéraire spéciale ; deux cents vélocipédistes, sur la place de l'Arc-de-l'Étoile, assistaient au départ de ce premier record, tous montés sur le modèle d'Olivier.

Les premières publications spéciales consacrées au vélocipède ont été créées, encouragées ou renseignées par Olivier.

En 1871 un groupe d'électeurs, ouvriers des Champs-Élysées, heureux de la prospérité nouvelle que ces ateliers avaient soudainement apportée dans le quartier, offrit à Olivier un siège au Conseil municipal de Paris.

Olivier est mort après la guerre, sans avoir eu le temps de reprendre son œuvre, fort occupé qu'il était par ses autres travaux ; il est mort d'une chute malheureuse, essayant une voiture de son invention construite dans ses ateliers de vélocipèdes. Le souvenir de sa création demeure dans toute l'industrie du vélocipède, parmi les ouvriers et les amateurs de la première heure : nous avons cent volumes de comptabilité pour en rappeler le détail, de 1863 à 1870.

Les ouvriers, les constructeurs, les amateurs de cette époque, ont tous connu René Olivier ; ils ont gardé le souvenir de sa puissante initiative, et de son généreux caractère ; ils se sont associés aux émotions de ses éclatants débuts.

Il s'agit, ici, avec eux, en même temps que d'honorer la science de l'ingénieur, de rappeler l'intelligente activité de l'industrie parisienne.

DE SANDERVAL.

Paris le...

6883-94. — Corbeil. Imprimerie Crété.

www.ingramcontent.com/pod-product-compliance
Lightning Source LLC
Chambersburg PA
CBHW051411060726
47596CB00005B/2173